# NOUVELLES DECOUVERTES

## DANS LE GLOBE

# DE JUPITER,

## FAITES A L'OBSERVATOIRE ROYAL,

*Par Monsieur* CASSINI, *de l'Academie Royale des Sciences.*

*Et communiquées à la mesme Academie.*

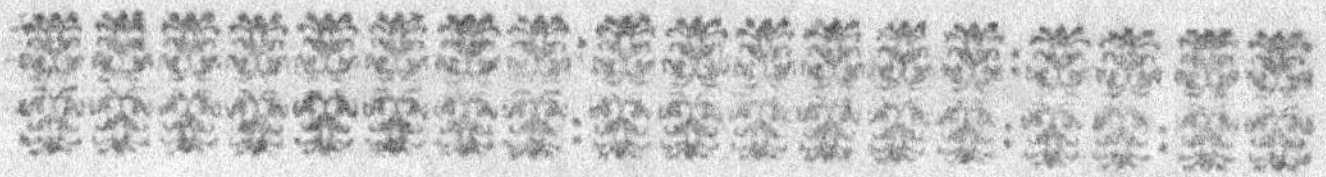

E N ce mois de Decembre 1690. nous avons observé des changemens extraordinaires dans l'Etoile de Jupiter, qui feront mieux connoître la nature des corps celestes : & nous y avons apperceu des mouvemens d'une vitesse si grande , qu'elle pourroit contribuer à l'usage que nous faisons depuis quelque temps des nouveaux phénomenes pour l'invention des longitudes.

Les lumieres que l'Astronomie, la Physique, & la Geographie tireront de ces découvertes faites à l'Observatoire Royal sous le regne de LOUIS LE GRAND , les rendront plus memorables à la posterité, que les observations anciennes des changemens de l'Etoile de Venus , faites sous le regne d'Ogyges , dont la memoire se conserve encore aprés le cours de 35 siecles.

Nous nous pressons de donner au public un essay de nos observations, que nous donnerons plus au long dans les ouvrages de l'Academie , afin que les Astronomes en estant avertis , puissent observer ces changemens avant qu'ils cessent de paroitre ; & nous exposons icy les découvertes que nous venons de faire , suivant l'ordre que nous jugeons le plus propre pour faire mieux entendre les unes par les autres.

A

## PREMIERE DE'COUVERTE.

*Du changement journalier des diverses bandes de Jupiter.*

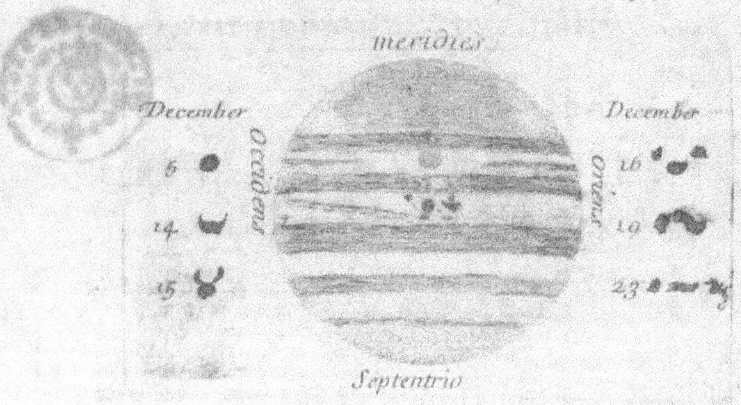


Le 14 de ce mois de Decembre 1690 à 4 heures 20 minutes du soir , on ne voyoit que deux bandes obscures dans le disque de Jupiter , qui estoient peu éloignées de son centre , une du côté du Septentrion , l'autre du côté du Midy. La Septentrionale estoit la plus large , qui paroit presque toujours. Je l'ai toujours vuë depuis quarante ans que j'observe Jupiter , & elle doit estre une de celles que l'on avoit vuës depuis l'an 1630, tantôt au nombre de deux , tantôt au nombre de trois.

La bande meridionale estoit un peu plus étroite ; & à 4 heures 28 minutes, il paroissoit comme une isle blanche dans le milieu. En mesme temps il parut un vestige d'une bande plus septentrionale , étroite , éloignée de la plus large un peu moins de son épaisseur. Cette bande paroit aussi tres souvent : mais elle ne s'étend pas toujours jusques aux bords de Jupiter ; & on la voit quelquefois manquer du côté d'Orient , & d'autres fois du côté d'Occident.

Il parut aussi dans le bord oriental de Jupiter, dans sa partie meridionale qui eſtoit fort claire, un commencement d'une quatriéme bande obſcure, qui s'avançoit peu à peu vers le bord occidental, de ſorte qu'en moins d'une heure & demie elle parut s'étendre d'un bord à l'autre ; & en cet eſtat Jupiter ſe voyoit avec quatre bandes entieres, paralleles entre elles.

C'eſt ainſi que j'ai vu ſouvent ſe former des bandes nouvelles dans Jupiter en une ou deux heures ; & j'ai vu auſſi des bandes manquer vers le bord oriental, & ſortir peu à peu entiérement du bord occidental. Ce qui m'a fait juger qu'il y a dans Jupiter des bandes interrompuës, qui entrent & ſortent dans le diſque apparent de Jupiter par ſa revolution autour de ſon axe, qui ſe fait en moins de dix heures.

Mais le 16 Decembre, à ſix heures du ſoir, non ſeulement je vis retourner la meſme bande meridionale de la meſme maniere, mais j'en vis paſſer une autre entre celle-ci & la meridionale plus proche du centre ; & au de-là des deux bandes ſeptentrionales, il en parut encore une troiſiéme ; de ſorte que l'on vit dans Jupiter trois bandes obſcures meridionales, & trois autres ſeptentrionales, toutes paralleles entre elles.

Dans l'interſtice entre les bandes meridionales & les ſeptentrionales, qui eſtoit aſſez large, il parut auſſi le meſme jour du 16 à 6 heures 38 minutes du ſoir, une bande oblique, qui paſſoit par le centre, & ne ſe voyoit que dans la partie occidentale, déclinant beaucoup du coſté du Midy ; qui eſt la premiere que j'aye jamais obſervée avec une obliquité ſi ſenſible. Cela fait connoître que non ſeulement il y a des bandes interrompuës qui retournent par la revolution de Jupiter autour de ſon axe, mais qu'il s'en forme de nouvelles d'un jour à l'autre.

Si toutes les bandes de Jupiter eſtoient auſſi variables, on pourroit ſuppoſer que ces bandes ſont dans une armoſphere qui environne Jupiter, de la maniere que les nuages ſont dans l'air qui environne la terre : mais la bande meridionale qui eſt la plus proche du centre, & la plus large, ſe voyant toujours dans Jupiter ſans eſtre jamais interrompuë, donne lieu de supposer qu'elle est plutost analogue à une mer qui paroit dans le globe de Jupiter, qu'à un nuage étendu dans une atmosphere.

Sa largeur occupe environ 10 degrez dans la surface de Jupiter, qui feroient 105. degrez dans la surface de la terre, la circonference de Jupiter, suivant nos observations, étant dix fois & demie plus grande que la circonference de la terre.

Et comme cette bande ne paroist jamais interrompuë dans la revolution de Jupiter autour de son axe, qui est une marque qu'elle environne tout le globe de Jupiter, on la pourroit comparer à l'Ocean qui environne toute la terre, quoy que d'une maniere beaucoup plus irreguliere, n'estant pas par tout de la mesme largeur comme l'est à peu prés cette bande.

Les bandes interrompuës qui ne sont pas assez longues pour faire tout le tour de Jupiter, ni mesme la moitié, & qui se perdent à certaines heures de la revolution journaliere, & retournent au mesme estat aprés une revolution, pourroient estre comparées en quelque façon à notre mer Mediterranée, dont la longueur estant etenduë d'Orient en Occident feroit à peu prés une apparence semblable estant vuë du Soleil. Car elle seroit vuë au milieu du disque de la terre, & dans sa plus grande etenduë, quand le Soleil seroit au meridien de la partie plus orientale de l'Italie; & elle patoitroit sortir du bord occidental lors que le Soleil seroit au meridien du Bresil, & rentrer dans le bord oriental lors que le Soleil seroit au meridien des Philippines.

Les bandes obscures qui se forment de nouveau dans les interstices clairs, qui sont entre les autres bandes obscures, pourroient estre comparées à des courans causez par de grandes inondations, comme celles qui arrivent quelquefois sur la surface de la terre. Car nous pouvons concevoir qu'entre les mers de Jupiter il y a des plaines & des vallées etenduës d'Orient en Occident, où les mers, qui sont de côté & d'autre, se dégorgent dans les marées, d'où elles rentrent dans leurs lits ordinaires à la basse mer.

Comme

5

Comme nos mers sont agitées d'un flux & reflux, qui est reglé principalement suivant les mouvemens de la Lune, tant journalier que synodique, recevant quelque modification du soleil ; si les bandes permanentes de Jupiter sont des mers, on peut considerer quelle agitation leur causeroit le mouvement des quatre Satellites, qui sont des Lunes beaucoup plus grandes que la nôtre, & à proportion beaucoup plus proches de Jupiter que la Lune ne l'est de la terre, & qui font autour de Jupiter les revolutions journalieres, c'est-à-dire leurs retours au mesme meridien de Jupiter, & leurs revolutions vuës du Soleil, beaucoup plus rapides que celles de la Lune autour de la terre. On pourroit attribuer à la violence des mouvemens des Satellites la direction des bandes, qui est suivant la ligne de ces mouvemens, comme il paroit par le mouvement de leurs ombres dans le disque de Jupiter, qui se fait par des lignes paralleles aux bandes.

Nous avons vu quelquefois que les interstices clairs entre les bandes obscures de Jupiter se sont divisez en certains endroits, de sorte qu'une bande obscure se communiquoit par ces divisions avec la plus prochaine, sans qu'il restast entre les deux que de petites isles, qui enfin s'effaçoient entierement, s'estant formé de deux bandes obscures & de l'interstice clair, une seule bande obscure plus large.

Journal de Novem. 1677.

Aprés avoir observé dans la partie meridionale de Jupiter trois bandes obscures paralleles entre elles, & une quatrieme oblique avec leurs intervalles clairs, nous avons vu le vingtieme de ce mois de Decembre depuis 6 heures & 20 minutes jusqu'à huit heures du soir, ces intervalles entierement effacez, à la reserve d'un, dont il restoit une partie du côté d'Orient, qui faisoit une apparence semblable à celle de l'Italie placée entre la mer Adriatique & la mer de Toscane, tout le reste de la partie meridionale du disque apparent de Jupiter estant comme inondé d'une obscurité uniforme parsemée de quelques petites isles.

Les bandes les plus permanentes dans le disque de Jupiter sont quatre : deux du costé du Septentrion, dont l'une est la bande la plus large, qui s'y voit toujours, l'autre est l'étroite, qui s'y voit le plus souvent : & deux du côté du Midy qui sont quelquefois plus larges que la bande la plus septentrionale, & quelquefois plus étroites.

## SECONDE DECOUVERTE.
### D'une nouvelle tache dans Jupiter.

Il y a plus de 25 ans qu'il parut dans Jupiter une tache ronde adherente à la bande la plus meridionale de Jupiter, du costé du centre apparent, dont les observations nous servirent à trouver la periode de la revolution de Jupiter autour de son axe, de 9 heures 56 minutes. Cette tache après avoir paru les 6 derniers mois de l'année 1665 s'effaça l'année suivante, & parut de nouveau depuis le commencement de l'année 1672 jusqu'à la fin de 1674 & pendant ce temps-là nous fimes à l'Observatoire Royal un grand nombre d'observations, qui nous servirent à déterminer sa periode avec plus de précision, l'ayant trouvée de 9 heures 55 minutes & 51 ou 52 secondes. Elle disparut de nouveau, & recommença de paroitre l'an 1677 & les nouvelles observations que nous en fimes nous confirmérent la mesme periode à 1 ou 2 secondes prés.

Cette tache a paru & disparu de nouveau plusieurs autres fois, & nous l'avons encore vuë à la fin du mois de Novembre passé, & au commencement de Decembre, adherente à la mesme bande plus meridionale.

Mais le 5 Decembre, à 5 heures 25 minutes du soir je fus surpris de voir une nouvelle tache plus obscure que l'ancienne, adherente non pas à la bande plus meridionale de Jupiter, mais à la moins meridionale du costé du centre dont elle estoit fort proche. Elle estoit alors de figure ronde, & à peu prés égale à l'ombre du troisieme Satellite, dont le diametre est un peu plus grand que la vingtieme partie du diametre de Jupiter, qui occupe plus de six degrez de sa circonference, & en occuperoit plus de 63 de la circonference de la terre, autant à peu prés qu'en occupe toute l'Afrique.

J'observai pendant une heure le cours de cette tache, qui alloit vers le bord occidental de Jupiter ; & elle en estoit peu éloignée, quand les brouillars empêcherent de la suivre jufques à fa fin : Mais j'ai eu la commodité de l'obferver plufieurs fois à fon retour, & d'en confiderer le mouvement.

## TROISIEME DECOUVÈRTE.
### De la viteffe du mouvement de la nouvelle tache.

Depuis le 5 jufqu'au 23 de Decembre j'ai toujours tâché d'obferver les retours de la nouvelle tache au milieu de Jupiter, quand le Ciel a efté favorable au temps de fes retours, & comparant les obfervations enfemble, j'ai efté furpris de voir que les revolutions de cette nouvelle tache anticipoient les revolutions de la tache ancienne de 5 minutes chacune, de forte que la revolution de la nouvelle tache parut eftre de 9 heures 51 minutes, negligeant quelques fecondes.

Cette difference de viteffe entre la tache ancienne & la nouvelle obligera peut-eftre à fuppofer, que le mouvement de cette tache eft compofé de deux mouvemens, un univerfel, qui fera celui de Jupiter autour de fon axe, qui emporte les taches fuivant la fuite des fignes ; l'autre particulier, qui fera propre à chaque tache, comme il arrive aux taches du Soleil, dont on pourra affigner des caufes femblables à celles que nous en avons affignées dans les Journaux. Si cela eft, il faudra une infinité d'obfervations pour diftinguer le mouvement fimple de la revolution de Jupiter d'avec le mouvement compofé des taches. Cependant comme la difference des revolutions de la tache ancienne & de la nouvelle n'eft que la cent vingtieme partie d'une revolution, il paroit jufqu'à prefent que les revolutions compofées, que font diverfes taches de Jupiter, ne font pas à proportion fi differentes entre elles, que les revolutions compofées, que font les taches du Soleil, qui font variables depuis 25 jufqu'à 29 jours.

## QVATRIEME DECOUVÈRTE.
### De la Variation de la figure de la nouvelle tache.

Cette nouvelle tache n'a pas confervé la mefme figure qu'elle avoit du commencement. Aprés quelques jours en

retournant au milieu de Jupiter elle a paru en forme de croiſ-
ſant , dont les pointes tournoient vers la bande à laquelle elle eſt adherente. Aprés quelques autres revolutions elle a
paru avoir la figure du caractere aſtronomique du Taureau,
dont les cornes tournoient vers la meſme bande : en ſuite
cette tache a paru diviſée en trois taches peu éloignées l'une
de l'autre ; la precedente vers l'occident eſtoit la plus petite
& la plus adherente à la bande ; la ſeconde eſtoit la plus
grande & plus détachée de la bande vers le ſeptentrion ; la
troiſiéme plus orientale eſtoit la moyenne en grandeur, & un
peu plus proche de la meſme bande.

Trois jours aprés, ces trois taches faiſoient enſemble la figure
d'un chevron d'armoiries, dont la pointe eſtoit tournée vers
la bande, & l'eſpace adherent vers le centre avoit comme l'apparence d'une montagne claire dont la tache ſeroit l'ombre.

Le 13 Dec. cette tache a paru fort longue, & elle eſtoit
precedée d'une tache ronde, & ſuivie d'une autre d'une figure fort irreguliere, qui en eſtoit éloignée de la 9 partie du diametre de Jupiter. Ces changemens font voir que cette tache
a un mouvement propre qui la diviſe, qui écarte les parties
l'une de l'autre, & les range diverſement ; ce qui rend diffici-
le à determiner le point qu'il faut prendre pour le centre de
cet amas, & fait douter que par cette diviſion la tache ne ſe
diſſipe en peu de temps. On pourroit s'imaginer que cette
tache d'une figure ſi variable a eſté cauſée par quelques débor-
demens de la mer à laquelle elle eſt adherente, de la maniere que nous avons autrefois expliqué les viciſſitu-
de de la tache ancienne adherente à la bande plus meridionale, que nous comparames pour lors à une riviere qui de-
bordant formoit une eſpece de lac.

## CINQUIEME DECOUVERTE.

### De deux taches gemelles, & de leurs revolutions.

Le treizieme de ce mois de Decembre , aprés avoir vu
dans Jupiter cinq bandes , deux ſeptentrionales , & trois
auſtrales

auſtrales, une heure aprés il n'y reſta que les deux bandes plus
proches du centre, & un veſtige tres foible de la ſeptentriona-
le étroite : & alors on vit dans l'interſtice clair entre les deux
bandes qui reſtoient entieres du coſté d'orient, deux petites
taches rondes & noires adherentes à ces bandes l'une contre
l'autre, qui s'avançoient vers le centre, & ſe trouverent au
milieu de Jupiter à 7 heures 45 minutes du ſoir, où elles re-
tournerent enſemble le 15 à 9 heures 7 minutes. Autant que
l'on en peut juger par l'intervalle de cinq revolutions, chaque revolution de ces deux taches a eſté plus courte de trois
minutes & demie que la revolution de la tache ancienne, &
plus longue d'une minute & demie que la revolution de la tache nouvelle.

Si ces deux taches, que le temps ne nous a pas permis de
revoir depuis, ſubſiſtent long-temps, & ſi elles retournent
toujours enſemble de la meſme maniere, il y a apparence que
leur mouvement eſt aſſez ſimple, c'eſt pourquoi elles pourroient
ſervir à déterminer avec plus de preciſion le mouvement
de Jupiter autour de ſon axe.

*Epoques choiſies du mouvement des taches de Jupiter, & leur uſage.*

La tache ancienne paſſa par le milieu de Jupiter le 8 de
Decembre à 10. heures & demie du ſoir. La tache nouvelle
paſſa par le milieu de Jupiter le 7 Decembre à 6 heures 18
minutes du ſoir. Les taches gemelles paſſerent par le milieu de Jupiter le 17 Decembre à 10 heures 29 minutes du ſoir.

Ces epoques avec les revolutions de 9 heures 56 minutes
pour la tache ancienne, de 9 heures 51 minutes pour la nouvelle, de 9 heures 53 minutes & demie pour les taches gemelles donneront le temps propre pour obſerver ces taches, y
appliquant, pour une plus grande juſteſſe l'équation des jours,
& l'équation du temps qui depend de l'inegalité du mouvement de Jupiter, ſuivant le precepte que nous avons donné
dans le Journal des Sçavans du 15 Novembre 1677.

Si l'on obſerve de concert en differens lieux fort eloignez
les uns des autres les temps auſquels ces taches arrivent au
milieu de Jupiter, l'on pourra, en comparant les obſervations

ensemble, trouver les degrez de la difference des longitudes entre les lieux des observations.

## SIXIEME DECOUVERTE.
### Du changement de la figure de Jupiter.

Jupiter m'a paru autrefois de figure un peu ovale, dont le plus grand diametre tendoit d'Orient en Occident. Ayant communiqué cette apparence à Mrs. de la Societé Royale d'Angleterre, M. Flamsted en demeura d'accord, & M. Newton fait fond sur cette apparence, en expliquant la figure naturelle des planetes dans son excellent ouvrage des Principes Mathematiques de la Philosophie naturelle. Presentement Jupiter nous paroit rond, ainsi il paroit qu'il y a eu du changement dans sa figure.

*l. 3 prop. 18.*

Le flus & reflus de la mer, les nuages, les neges & le degel, font changer la figure de la terre, quoi qu'insensiblement. Peut-estre que des causes analogues à celles-cy, ou à d'autres que nous pourrions nous imaginer, font changer sensiblement la figure de Jupiter.

## DE L'IDE'E QUE L'ON PEUT AVOIR
### de Jupiter, & des autres étoiles

Nous avons esté obligez de considerer l'analogie, que ces changemens de Jupiter peuvent avoir avec ceux qui arrivent sur la terre, pour nous aider à former une idée de cet astre, qui reponde à nos observations.

Les diverses manieres de considerer les étoiles nous en donnent des idées differentes. Celle qu'on en a communément resulte de l'apparence qu'elles font à la terre, comme de petits objets lumineux que l'on voit toujours de la mesme maniere dans le ciel. Ainsi le soleil & la lune, qui ne nous paroissent pas si petits, ne sont pas mis communement au nombre des étoiles. Suivant cette idée qu'on a des étoiles,

*Hipparchi Catalog.*

*Apoc. c. 1 & c. 12.*

nous en voyons representer plusieurs dans une couronne, & dans une main, tant dans les figures astronomiques des globes celestes, que dans les figures misterieuses de l'Apocalipse.

Mais quand les Astronomes comparent les mefmes appa-
rences des étoiles à leur diftance de la terre, qui fe trouve
comme immenfe, puifque l'on n'y trouve point de parallaxe;
l'idée qu'ils conçoivent d'une feule étoile furpaffe mefme
quelquefois l'idée que le vulgaire a du monde entier; &
alors l'on n'a pas de difficulté à comprendre qu'il peut y a-
voir des changemens comme dans la terre & dans l'air, fans
qu'on les puiffe appercevoir d'icy bas à la vuë fimple.

Ariftote n'avoit point trouvé dans toute l'Antiquité, *De Cælo l. 1. c. 3.*
qu'on eût jamais obfervé aucun changement dans le ciel,
comme il le dit expreffement dans fes ouvrages; ce qui luy a
donné lieu de foutenir que les corps celeftes ne font pas fujets
au changement: Mais faint Auguftin nous a confervé la me- *De Civitate Dei l. 21. c. 8.*
moire de ceux dont nous avons parlé du commencement, tirée
du livre de Varron *De gente populi Romani*, qui eft du nombre
de ceux qui fe font perdus. Varron l'avoit tirée de Caftor
hiftorien, & d'Adraftus & de Dion celebres Mathematiciens,
qui témoignoient que l'étoile de Venus avoit changé de cou-
leur, de grandeur, de figure, & de cours.

Ces fortes de changemens apparens en Venus s'obfervent
prefentement par les lunettes, qui font voir qu'elle change
fes phafes comme la lune, & qu'elle augmente extraordinai-
rement de grandeur apparente, en allant de l'apogée au pe-
rigée. Et l'on ne fçait pas fi en ce temps-là il y auroit eu un
moyen affez fubtil, ou un œil affez penetrant pour les dé-
couvrir: quoy que Varron témoigne qu'Enée dans fon voya- *Antiquitatum div. l. 2.*
ge de Troye en Italie voyoit continuellement de jour la mef-
me étoile de Venus, ce que nous faifons aujourd'hui à l'aide
des lunettes. Il fe pourroit faire auffi que ces changemens
de Venus, qui parurent alors prodigieux, eftoient les mefmes
qu'on obferve prefentement fans admiration: Venus augmen-
tant de grandeur apparente, & paroiffant plus lumineufe quand
elle eft plus proche de la terre, de forte qu'elle y porte fon
ombre. On ne connoiffoit alors Venus que fous le nom d'Hef-
perus, que l'on voyoit le foir, & l'on ne fçavoit pas que ce fût
la mefme que Phofphorus, qui en d'autres temps fe voit le

matin ; Pythagore ayant esté le premier qui fit cette découverte, comme dit Pline. Ce fut peut-estre alors qu'on commença d'observer la retrogradation de Venus, qui sans doute parut comme un prodige la premiere fois. Quoy qu'il en soit, saint Augustin dit que si ce changement fut un prodige, comme il parut à Varron, il n'estoit pas contre la nature, mais contre l'idée que l'on a de la nature mesme. Son commentateur Coqueus n'est pas si raisonnable. Il oppose au fait rapporté par Varron, l'opinion d'Aristote & des Peripateticiens ; Et prenant le contrepied de son maistre qui rapporte cet exemple pour monstrer qu'il arrive des choses contraires à la connoissance que nous avons de leur nature, quoy qu'elles soient naturelles, ce commentateur conclut, ou que la relation de Varron est fausse, ou que ce changement n'est pas arrivé naturellement.

Il ne faut pas s'étonner que des Sçavans d'un caractere si different jugent si diversement des observations anciennes. Peut-estre que les nôtres, quelque exactitude que nous y ayons apportée, auront le mesme sort. Mais outre qu'elles sont faites avec toutes les commoditez & tous les instrumens les plus parfaits que l'Astronomie peut desirer, elles seront aussi plus celebres & plus recommandables à la posterité, ayant une epoque aussi illustre que celle du regne de LOUIS LE GRAND, qui soutient par sa magnificence les sciences & les arts dans son royaume en un temps où les guerres allumées jettent la terreur dans toute l'Europe, en un temps, dis-je, où sa protection royale nous donne abondamment tous les moyens de faire de nouvelles découvertes dans le ciel, pendant que ses armes victorieuses resistent à tant de Puissances conjurées contre sa gloire, & font de si grands progrés sur la terre.

---

A PARIS,

Chez JEAN CUSSON, ruë saint Jaques, à l'Image de saint Jean Baptiste.

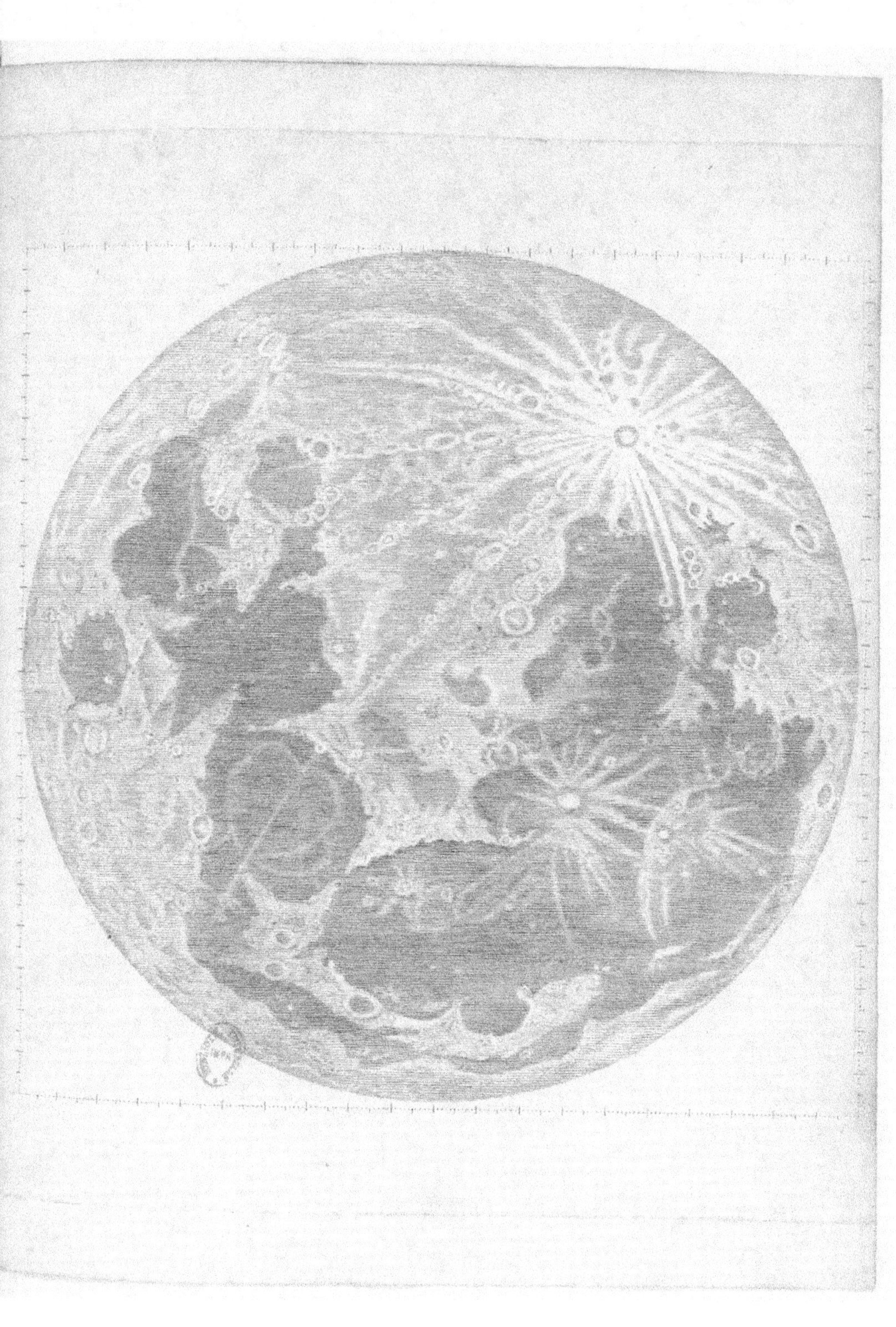